ESSAI

SUR LA

FIN DU MONDE.

LANDERNEAU,

Imprimerie de P.-B. DESMOULINS Fils,

Rue du Pont.

ESSAI

SUR LA

FIN DU MONDE

PAR

GABRIEL PRIGENT

Secrétaire de la Mairie de Kerlouan.

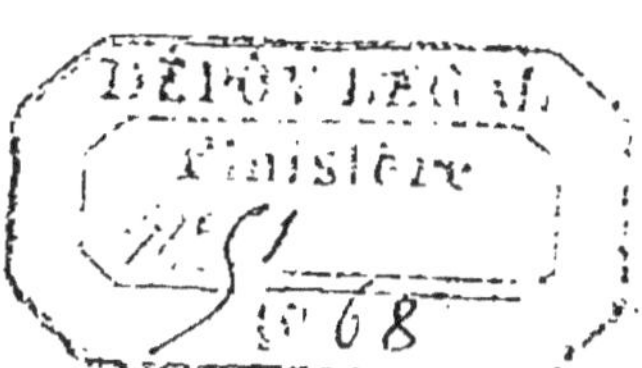

SEPTEMBRE 1868.

LA FIN DU MONDE

PROLÉGOMÈNES.

L'évènement fatal de la fin du monde est quelque chose de si abstrait en soi, de si peu certain, quant à l'époque précise de son éventualité, qu'il est difficile de lui appliquer une théorie acceptable, si ce n'est en recourant aux ressources précieuses fournies par la science. L'homme auquel les secrets de l'avenir sont toujours demeurés obscurs, ne peut parvenir à soulever un coin du voile qui les recouvre, que par des moyens que l'on pourrait appeler artificiels, c'est-à-dire, par la force des arguments fournis par la logique. L'usage des instruments mis à la portée des savants par le mécanisme de la dialectique, repose sur un procédé absolument routinier. La logique pure, qui est une géométrie inexorable, et l'on sait que les axiômes géométriques sont des vérités éternelles, peut fournir des preuves non équivoques de la probabilité du cataclisme futur destiné à causer à notre globe l'anéantissement de son individualité.

Dans la cause immédiate de cet évènement effrayant, rien de surnaturel, rien qui appartienne, ni de loin ni de près, au domaine du merveilleux. Cet accident, ayant pour objet des éléments matériels, ne peut avoir qu'une cause absolument identique, c'est-à-dire, une cause purement et exclusivement matérielle. *Effectu patuit causa.*

Cette catastrophe sublunaire est-elle possible dans l'ordre des principes rigoureux de la science physique ? La réponse à cette question ne peut être qu'affirmative ; car, tous les êtres organiques et inorganiques de la terre étant composés d'éléments matériels, sont soumis à la loi commune de détérioration d'abord, et de dissolution moléculaire ensuite.

Le globe terrestre dans son ensemble est-il susceptible d'une dissolution totale ? Comme conséquence logique du raisonnement précédent, sa nature matérielle le place nécessairement dans la condition fatale de subir le même sort que tous les êtres matériels qui le composent ; seulement, plus la masse à dissoudre offre des dimensions et un volume considérables, plus aussi la somme des agents et des forces de dissolution devra être grande.

Au point de vue astronomique, le globe terrestre est également sujet aux vicissitudes planétaires observées maintes fois par les astronomes, dans le monde sidéral.

Maintenant quelle peut être l'origine probable du cataclisme qui doit mettre fin à l'existence de notre planète et quels en seront les résultats pour les habitants de la terre, comme pour la terre elle-même ?

Il faut expliquer d'abord ce que l'on entend généralement par fin du monde. En général, quand on parle de la fin du monde, on n'a pas seulement dans l'idée l'inhabitabilité de ce globe ; mais, l'expression de *fin du monde* implique encore, de plus, la destruction totale de la planète, comme celle de ses habitants. Cet anéantissement de la terre ne pourra être dû qu'à une cause violente, énergique, dont le degré de puissance sera en rapport direct avec les proportions de la masse sur laquelle elle agira, et avec les effets qu'elle doit produire. D'où peut donc naître un agent ou des influences assez puissants pour opérer la destruction de la terre et de tous les éléments matériels qu'elle renferme ? Il est difficile de désigner avec certitude la source précise d'où doit découler le torrent dévastateur destiné à anéantir le globe terrestre ; il peut être victime de la fureur d'un agent étranger à sa nature ; ou bien un élément terrible, engendré dans son sein et nourri de sa substance même, peut devenir la cause de sa ruine.

CHAPITRE 1er.

—

Causes Étrangères.

Parmi les dangers principaux que peut courir l'existence de notre planète et qui sont étrangers à sa nature, il faut compter en première ligne, sa rencontre possible par une comète.

Puis, l'extinction probable du soleil n'est pas un danger

moins possible ni moins sérieux que la rencontre d'une comète ; l'un et l'autre semblent réunir une somme égale de possibilité et de probabilité.

§ 1. — *Possibilité d'une rencontre de la terre par une comète.*

Premièrement, voyons si la rencontre de la terre par une comète, est un évènement possible dans l'ordre physique, comme dans l'ordre astronomique.

Les comètes qui circulent dant notre tourbillon planétaire n'ont pas toutes la possibilité de nous atteindre. Il n'y a évidemment que celles qui s'approchent du soleil autant que nous, qui soient dans ce cas. Quant à celles qui, dans leurs courses effrénées, enveloppent notre orbite, et même à leur périhélie, le laissent à l'écart, il est clair que, pour le moment du moins, nous n'avons rien à en redouter.

Considérons maintenant une de ces comètes qui s'approchent du soleil, au moins autant que nous, et qui, par suite, percent toujours le plan de notre orbite. En supposant le diamètre de son noyau égal au quart de celui de la terre, le calcul démontre qu'il y a une infinité de chances pour qu'elle ne nous atteigne pas. Tout le monde comprend cependant que sur un grand nombre de cas, les chances défavorables augmentent nécessairement avec le chiffre élevé des apparitions. Il suit de là impérieusement qu'en considérant une période de siècles d'une certaine étendue, c'est-à-dire, un nombre suffisant d'apparitions de comètes, on arrive à la certitude mathématique d'une collision avec l'une d'elles. Il n'est donc pas douteux que, dans un avenir plus ou moins lointain, notre globe sera heurté et bouleversé par quelque comète à noyau consistant. Il se produira alors un cataclisme analogue à ceux dont la géologie garde le souvenir et redit l'histoire. Seulement, au lieu de venir du dehors, c'est du dedans que celui-ci viendra. La nature vivante en sera partiellement anéantie et renouvelée, et, sur les débris de la création éteinte, une autre humanité renaîtra pour continuer cette route sans fin que l'idéal trace invinciblement devant nous.

D'ailleurs, si nous abandonnons le calcul des probabilités comme suspect, on pourra encore trouver dans les conditions actuelles des planètes, des preuves, difficiles à rejeter, de leurs collisions avec les astres chevelus, dans le passé.

A l'origine de notre système planétaire, le plan de l'équateur de chacune des planètes dont il est formé, a dû se confondre avec celui de l'équateur du soleil, astre central, et les axes de rotation étaient, par suite, tous parallèles et perpendiculaires au plan équatorial commun. C'est ainsi évidemment que les choses ont dû se présenter à l'origine de notre tourbillon, car, ces conditions étaient la conséquence de son mode de formation. Or, en passant en revue le monde où nous roulons, on remarque que des changements notables ont été apportés à cette disposition primordiale et que les axes des diverses planètes sont loin d'être tous parallèles entr'eux et perpendiculaires au plan de l'équateur solaire. Si l'on en excepte Jupiter, resté inébranlable à travers les siècles, toutes les autres planètes ont été plus ou moins dérangées des positions où elles avaient reçu l'être. Pour quelques unes, Mercure, Vénus et Uranus, les dérangements ont été considérables, et les deux dernières surtout tournent maintenant autour d'axes qui sont presque perpendiculaires à l'axe de rotation du soleil.

Ces perturbations n'ont pu être évidemment que le résultat d'accidents imprévus. Quelle a pu être la nature et la source de ces accidents ? La mécanique prouve qu'un corps rond, comme une planète, qui tourne autour d'un centre d'attraction, comme le soleil, ne peut à l'aide de ses seules forces intérieures, modifier en rien l'inclinaison de son axe de rotation. Cette planète aura beau se bouleverser de toutes les manières, défoncer son envelope géologique, déplacer ses mers, lancer vers le ciel ses laves enflammées en faisant trembler le sol de ses continents, son axe ne bougera pas plus que s'il n'était question de rien. Il continue à se mouvoir dans l'espace et y conserve un inaltérable parallélisme. Pour le déranger, il faut absolument

l'intervention d'une force extérieure qui agisse brusque-
ment sur le corps auquel il sert de pivot invisible. Dans
ce cas, le mouvement nouveau, se combinant avec l'ancien,
il en résulte une position intermédiaire de rotation, et
l'axe, naguère immuable, se soumet à ces nouvelles conditions et change son inclinaison première.

- L'axe de rotation de nos planètes ne peut donc être
modifié que par l'effet d'un choc extérieur ; celles chez
lesquelles cette modification se remarque, ont donc nécessairement subi une ou plusieurs actions de ce genre. Or,
les comètes, par leur marche irrégulière, étant les seuls
astres capables de les produire, on ne peut éviter d'ad-
mettre qu'elles en sont la cause directe.

Pour de petites inclinaisons, comme celle de la terre,
qui n'est que de 23 degrés, l'intervention d'une force é-
trangère ne semblait pas absolument nécessaire, si des
dérangements encore plus grands ne se remarquaient pas
dans les autres planètes.

Du reste, des désordres à peu près du même genre se
sont manifestés dans le système stellaire ; c'est du moins
ce qui est constaté par les annales astronomiques. Depuis
l'origine des observations, on y remarque la mention de
certains feux célestes qui, sous forme d'étoiles de diverses
grandeurs, ont brillé pendant quelque temps et puis se
sont évanouis dans l'ombre, graduellement, à la manière
des incendies.

Physiquement et astronomiquement, la rencontre de la terre par une comète, est donc un fait possible.

Quelles seraient pour la terre et ses habitants, les conséquences de cette rencontre ? Si la comète possède un noyau consistant, sa rencontre amènera infailliblement un défoncement de la croûte du globe, un brusque déplacement de l'axe de rotation, une lutte terrible entre la lave intérieure et l'océan déchaîné ; en un mot, la plus épouvantable extermination de la nature vivante qu'on puisse concevoir.

Si l'astre chevelu était, au contraire, de ceux qui, n'ayant pas encore dépassé l'état gazeux, n'ont pu se former un noyau consistant, sa collision, sans être aussi grave, n'en présenterait pas moins divers dangers sérieux. La pression subite qu'elle exercerait sur notre atmosphère ferait éclater un ouragan auprès duquel les plus terribles cyclones ne seraient que des zéphyrs caressants. Il est facile de se rendre compte de l'effet qui serait alors produit, en se rappelant qu'un vent animé seulement d'une vitesse de 45 mètres par seconde, déracine les arbres et renverse les maisons. Or, la terre, courant pour son propre compte, à raison de huit lieues par seconde, et la comète, quand elle passe dans nos régions, pouvant lui en offrir autant en sens contraire, on conçoit combien dans certains cas, sa rencontre pourrait être funeste. Suivant toute vraisemblance, la surface de la terre en serait rasée,

comme par un immense rasoir, et les flots irrités achě-
veraient dans leur sphère d'action, l'œuvre de destruction
commencée par les vents.

Enfin, si la comète était d'une grande ténuité et d'une
faible importance ; si elle était de celles qui, formant à peine
une agglomération cosmique, n'ont encore qu'une consis-
tance incertaine, nous en serions probablement quittes à
meilleur compte. Son mélange rapide avec notre atmosphère, sans l'agiter violemment, pourrait, en altérant sa
composition chimique, nous gratifier de quelqu'épidémie
d'une nouvelle espèce. Il faut, en effet, peu de chose pour
altérer l'air respirable et en faire un poison mortel. Per-
sonne n'ignore que les causes les plus fréquentes des ma-
ladies de l'homme sont dans l'air vicié qu'il rencontre et
qu'il aspire par tous les pores.

Une autre cause d'anéantissement de notre globe peut
surgir des perturbations planétaires observées jusqu'à ce
jour. Toutes les planètes qui circulent autour du soleil,
non seulement sont attirées par cet astre, mais encore
s'attirent entr'elles dans leurs diverses positions ; il en
résulte que chacune d'elles ne parcourt pas son orbite
avec cette régularité qu'elle y mettrait, si elle n'avait af-
faire qu'au soleil seul, et qu'elle subit dans son mouvement
révolutionnel, certaines perturbations fort sensibles. Ainsi,
Saturne, depuis qu'on l'observe, marche plus lentement
et Jupiter, plus vite. La lune, notre satellite, présente

aussi une conduite irrégulière et va aujourd'hui d'une allure plus vive qu'à l'origine des choses.

Ces perturbations, malgré leur apparence inoffensive sont les plus graves que l'on puisse observer, car elles menacent directement la stabilité de notre système planétaire. En effet, quand un corps gravite autour d'un autre, la mécanique rationnelle démontre qu'il s'approche de celui-ci, lorsque sa vitesse augmente, et qu'il s'en éloigne, au contraire, quand elle diminue. C'est ce que confirme d'ailleurs l'observation directe du mouvement des planètes qui, toutes marchent plus rapidement à leur périhélie qu'elles ne le font à leur aphélie. Découvrir que Saturne s'éloigne du soleil et, partant, de nous, c'est montrer que cette grosse vagabonde ne nous menace d'aucun péril; mais, pour Jupiter et la lune, le cas est bien différent. L'accélération constante du premier de ces astres l'obligera à décrire autour du soleil, une spirale de plus en plus resserrée, et, finalement, à se confondre avec lui. De manière que, son importance attractive s'augmentant d'autant, le globe terrestre se verra attiré plus près du soleil et peut-être alors il finira aussi par être absorbé à son tour par ce globe colossal qui est 1,400 fois plus grand que lui.

En ce qui touche la lune, le danger est encore plus menaçant; l'accélération de sa vitesse la rapprochant incessamment de nous, il doit fatalement arriver un jour

terrible où, après nous avoir fait subir toutes les tribu-
lations imaginables par l'accroissement incessant de son
attraction, notre irrespectueux satellite nous tombera en
plein sur les épaules et nous causera probablement à peu
près les mêmes désastres qu'une comète.

L'astronome LAPLACE, reprenant une à une les perturbations produites par l'action mutuelle des corps célestes,
démontra dans un effort prodigieux d'analyse, que ces
perturbations sont périodiques et que, conséquemment, la
stabilité du monde n'a rien à en redouter. Ainsi, en ce
qui concerne Saturne et Jupiter, il prouve que ces deux
astres, après avoir modifié leurs mouvements par l'effet
de leur attraction mutuelle, reprendront leur vitesse ori-
ginaire, après une période de 900 ans. Pour la lune,
l'accélération de sa marche tient uniquement à la dimi-
nution actuelle de l'excentricité de l'orbite terrestre et
qu'après quelques millions d'années, elle reprendra son
allure ordinaire, par le retour de cette excentricité à sa
longueur première.

Son audacieuse dialectique donna aussi raison des changements d'inclinaison des différentes orbites et fixa les
limites invariables qu'il leur est interdit de franchir. Il en
fut de même à l'égard de ce rapprochement séculaire qu'on
remarque entre l'écliptique et l'équateur, rapprochement
qui promet à nos descendants de jouir pendant quelque
temps, sur tous les points de la terre, du bienfait d'une

égalité parfaite entre les jours et les nuits. Après avoir mis quelques millions d'années à se donner ce baiser solennel dans l'infini, ces deux plans célestes se sépareront de nouveau pour recommencer, à travers les siècles, leurs lentes oscillations, mais sans jamais dépasser les limites assignées par la sagesse suprême.

Il est juste de dire que nous n'avons pour garant de ces promesses que le génie de LAPLACE ; car, depuis qu'elles ont été formulées, les perturbations qui nous occupent n'ont pas encore pris la route des compensations destinées à assurer l'équilibre. On pourrait répondre à cela, pour rassurer les sceptiques, d'abord, que le génie de LAPLACE est une assez belle caution ; ensuite, que la Providence n'est pas tenue, pour dissiper les doutes de nos contemporains, de condenser dans l'espace de leur courte vie, les phénomènes astronomiques dont l'accomplissement demande des millions de siècles. Pour suppléer, autant qu'il est possible, à nos moyens limités d'observations, elle donne à l'astronomie son télescope, au mathématicien la haute analyse, au philosophe la métaphysique et l'analogie.

§ 2. — *Danger provenant de l'extinction du soleil.*

Enfin, une cause de ruine et de mort peut surgir de la source même de la vie, c'est-à-dire, du soleil.

Qu'est-ce que le soleil ? C'est un immense sphéroïde de matière en fusion, qui brûle à sa surface les gaz émanant de son intérieur. Le réservoir de ce gaz est-il inépuisable ? Évidemment non, puisqu'il est limité. Leur combustion doit donc aller en diminuant par la profusion des siècles, exactement comme celle d'un bûcher, faute de combustibles. Cette circonstance est d'ailleurs rendue évidente par la production des taches du soleil, qui montrent que déjà les éléments de la flamme sont moins abondants, puisque sur certains points ils commencent à faire défaut. Or, à l'origine, il n'en était certainement pas ainsi. La flamme éblouissante enveloppait l'astre de toutes parts et nulle lacune ne venait en compromettre l'éclat. On ne peut donc nier que cet éclat ne subisse, avec les siècles, un affaiblissement que rien n'arrête et qui, par conséquent, doit le conduire insensiblement à un anéantissement complet. Le soleil est donc destiné à s'éteindre un jour, faute d'éléments de combustion.

Malheureusement pour l'astre radieux, l'épuisement de son combustible n'est pas le seul danger qui le menace. Comme tout ce qui est chaud dans un milieu froid, il est condamné par rayonnement, à un refroidissement qui n'a d'autre limite que la température même de ce milieu. Or, les espaces intersidéraux dans lesquels il se promène, ayant suivant les calculs de Fourier, une température de 60 degrés, et suivant d'autres savants, une de 80, au dessous de zéro, il est facile de voir par quelles glaces mortelles il est menacé. On peut objecter qu'il est de force à lutter longtemps ; soit ; mais quel que soit l'élévation de son degré de puissance calorifique, que peut-il contre l'éternité du temps et de l'infini ? Qu'il succombe ! C'est précisément ce qu'il fera.

Bien que la démonstration précédente soit appuyée d'arguments logiques et doive paraître décisive, il est bon de la corroborer par des faits anciens et récents.

En parcourant le régistre des accidents sidéraux tenu par les astronomes, on trouve que, dès la guerre de Troie, la septième étoile des Pléïades, après des siècles de langueur, finit par s'éteindre complètement. Depuis ces époques reculées jusqu'à ces derniers temps, ce triste évènement s'est reproduit bien des fois. HÉVÉLIUS, célèbre astronome allemand, qui vivait au 17e siècle, mentionne cinq étoiles dont il recueillit les derniers soupirs au bout de sa lunette. HERSCHEL, après avoir constaté la disparition d'un nombre notable d'étoiles, par la comparaison des anciens catalogues aux nouveaux, eut l'honneur d'assister aux derniers moments d'un de ces astres et d'en enrégistrer le décès. C'était la 50e d'Hercule. Depuis quelque temps on la voyait graduellement pâlir, signe évident d'une défaillance prochaine ; puis, elle passa au rouge, et, après avoir ainsi scintillé faiblement pendant une dizaine d'années environ, elle rendit sa dernière flamme et disparut pour jamais dans les profondeurs de la nuit. Ce fut le 24 mars 1791, que le célèbre astronome anglais consigna sur son catalogue, ce phénomène remarquable.

Ainsi le fait est hors de doute : les soleils meurent dans le ciel, comme les vulgaires humains sur notre terre. Rien ne résiste à la puissance destructive du temps ; tout ce qui naît périt, ou plutôt se transforme et la vie universelle n'est qu'un immense courant de molécules qui passent incessamment d'une combinaison à une autre. Tout est flottant et transitoire au sein des lois immuables de l'absolu.

Notre soleil étant fait comme tous les autres et n'ayant droit à aucune exception devant les lois de la nature, il est donc sûr de s'éteindre un jour. Voilà un point acquis. Maintenant, quand viendra cette heure fatale qui sonnera le glas funèbre à l'existence individuelle de notre globe ? Si, pour répondre à cette question, on procède par induction, comme cela arrive pour les abstractions de la métaphysique, on trouve que la chaleur et la lumière solaires ont encore de bien longues années d'existence ; car, en admettant que les ressources du soleil en calorique et en luminaire, ne doivent s'épuiser que graduellement, l'astre du jour est destiné à éclairer et à réchauffer les planètes de notre système, pendant des millions d'années. LAPLACE et ARAGO ont fait au sujet de l'extinction du soleil, des calculs très-ingénieux et, sans doute, très-logiques, mais qui, néanmoins, peuvent être inexacts en ce que le principe de gradation qui leur a servi de base, repose lui-même sur un fondement vicieux. Le premier a eu l'air de prouver que l'affaiblissement de la chaleur solaire ne peut pas être d'un dixième de degré depuis HIPPARQUE, c'est-à-dire, depuis 2,000 ans environ. Or, si le soleil ne perd qu'un dixième de degré en 2,000 ans, il lui faudra 20,000 ans pour en perdre un en entier, et, enfin, 160 milliards d'années pour perdre ses 8 millions de degrés de chaleur !

Mais le soleil ne doit-il s'éteindre qu'insensiblement ? Rien n'a garanti aux savants que l'affaiblissement du soleil suivra une marche régulièrement progressive. Peut-être cet astre va-t-il imiter dans sa retraite, la conduite peut cérémonieuse de quelques étoiles qui ont disparu presque subitement du firmament ? Et puis, en supposant que la chaleur solaire en s'épuisant, suive une voie progressive, notre atmosphère ne tarderait pas à s'en ressentir, et un changement immédiat modifierait aussitôt la clémence des températures terrestres, pour leur substituer des climatures insupportables à la délicatesse de l'organisme humain.

L'affaiblissement de la chaleur solaire, qu'il soit subit ou progressif, aura toujours pour effet naturel d'augmenter l'étendue des zônes glaciales ; les mers et les terres de ces parties du globe se refusant à entretenir la vie orga-

-nique, celle-ci se rétrécira insensiblement autour des régions équatoriales. Les espèces qui vivent sous les climats
torrides seront inévitablement les premières atteintes, et
le vide qu'elles laisseront après elles, sera peu-à-peu
comblé par d'autres espèces chassées du nord par un froid
trop intense et devenu insupportable. L'homme qui par sa
nature et son intelligence, peut braver les plus basses
températures, restera le dernier debout sur les ruines des
êtres organiques. Réunis autour de l'équateur, les derniers
fils de la terre livreront un suprême combat à la mort et
c'est précisément lorsque les ténèbres approcheront, que
le génie humain, fortifié par les acquisitions scientifiques
des siècles passés, jettera sa plus vive lumière, comme
la lampe qui s'éteint. Ce sera, comme le chant du cygne,
le dernier écho du souffle humain sur les débris du monde.

CHAPITRE 2.

—

Causes internes.

Examinons maintenant si le globe terrestre ne renferme pas dans son sein même, un élément assez énergique, assez puissant pour lui donner la mort et le retrancher de la famille planétaire.

L'immobilité absolue n'existe nulle part, ni dans les régions de l'espace universel où se meuvent les grands corps célestes, en nombre incalculable, ni dans les éléments divers qui composent les masses planétaires. Partout le mouvement se manifeste comme une des premières conditions de l'existence.

Dans tous les êtres collectifs ou individuels, soumis ou non, à l'influence de la vie, les différentes molécules, intégrantes ou constituantes, ont une tendance perpétuelle à former de nouveaux arrangements, et, de là, des compositions et des décompositions, des transformations lentes ou rapides, sans cesse renouvelées, qui s'effectuent inévitablement, parcequ'elles sont dans les lois générales du monde. Tout se meut, tout se balance, tout oscille sans cesse, et l'immobilité, l'immutabilité, n'existent nulle part. Outre les causes extérieures qui agissent constamment sur les corps, il y a dans chacun d'eux une cause interne par laquelle des changements, plus ou moins lents, mais continuels, s'effectuent dans sa contexture moléculaire. Donc il y a du mouvement dans tous les corps, et ce mouvement varie de forme et d'intensité, de l'un à l'autre, suivant la nature particulière de chacun. Lorsque deux corps de nature différente sont mis en contact, les mouvements moléculaires dont ils sont animés, peuvent ou se contrarier, ou s'harmoniser et s'unir, et, de là, les divers effets qui résultent du contact des corps.

C'est ce mouvement général et continuel dans la matière qui engendre un élément dont le degré de puissance et d'énergie est inconnu à l'homme. Cet élément qui est si intimement lié à la matière, que, comme l'air, il semble en faire partie, c'est l'électricité. Cet agent terrible et redoutable dont la nature n'est que très-imparfaitement connue des savants, semble avoir pour condition spéciale de dérouter les investigations et les calculs de la science, tant ses évolutions sont capricieuses et désordonnées. Sur la terre, tous les objets, les êtres organiques comme les êtres inorganiques, en sont remplis, en sont même imprégnés, comme une éponge qui a été plongée dans l'eau et dont toutes les molécules en sont imbibées. En un mot, le fluide électrique joue sur le globe terrestre, le premier rôle parmi les agents qui ont une influence quelconque sur la condition physique des êtres matériels. Du reste, tous les phénomènes météorologiques, toutes les variations atmosphériques, tous les accidents géologiques ne sont-ils pas le résultat immédiat de son essence énergique et dévastatrice? N'est-ce pas lui dont la force calorifique et répulsive est incalculable, qui ouvre le cratère fumant des volcans, qui lance au loin des torrents de lave incandescente et fait trembler la croûte terrestre à des distances prodigieuses? Comme on le voit par les effets merveilleux produits par la télégraphie électrique, la distance n'existe presque plus pour ce fluide aériforme, puisque sa vitesse normale est de 70,000 lieues par seconde, lorsque les éléments sur lesquels il agit sont favorables à son développement. La force que suppose une pareille vitesse est immense. C'est cependant là le fluide universellement répandu dans les corps, qui vibre et ondule sans cesse, avec des intensités et des vitesses infiniment variables, vitesses s'effectuant dans tel ou tel sens, selon la nature et la disposition moléculaire, tant interne qu'externe de chaque corps. Non seulement chaque molécule, non seulement chaque corps, dans leur particulier, dans leur individualité, sont subordonnés à son influence, mais le globe terrestre lui-même dans son ensemble, est soumis à sa puissance tyrannique, puissance dont il ne peut s'affranchir, attendu qu'elle procède impérieusement de son essence même et qu'il y est lié par des rapports génésiques insolubles. C'est pourquoi la science regarde la terre comme un grand solénoïde autour duquel circule constamment en spirale, un courant magnétique. Notre planète est donc douée d'une nature essentiellement magnétique, puisqu'elle engendre ce réseau électrique qui l'étreint de toutes parts, à l'extérieur, et qui, dans l'intérieur de sa masse, n'agit pas moins énergiquement sur les différentes aggrégations inorganiques qu'elle renferme.

De ces deux actions simultanées exerçant leur influence, l'une au dehors et l'autre au dedans de la matière, n'y a-t-il pas à redouter que deux électricités différentes, l'une positive ou vitrée, et l'autre négative ou résineuse, ne viennent à se rencontrer sur le même champ d'action et à produire comme dans les nuages, lorsque le tonnerre gronde, un choc qui détermine un coup de foudre d'autant plus dangereux qu'il pourrait provoquer une explosion générale, en communiquant instantanément la commotion électrique à tous les fluides similaires répandus sur la surface de la terre, comme dans l'intérieur des corps. L'ensemble du globe terrestre étant considéré en principe, comme une grande machine électrique, les désastres qui résulteraient d'un pareil accident, exerceraient leurs ravages dans toute la nature organique et inorganique.

Ce qui donne à ces présomptions et à ces terreurs, un fondement rationnel et indestructible, c'est que la science elle-même, en énumérant les causes diverses qui peuvent produire l'électricité, démontre avec quelle facilité ce fluide s'introduit dans les corps, puisque le contact seul suffit pour les électriser. Et quand deux corps, chargés d'électricité contraire sont en présence, les deux fluides opèrent leur réunion à travers l'air, sans qu'il soit nécessaire de mettre les corps en contact, et cette réunion a lieu à une distance d'autant plus grande, que les charges sont plus fortes. La compression que l'air éprouve produit alors une explosion accompagnée de lumière et de chaleur. Voilà quelques uns des principes consacrés par la théorie, pour déterminer le rôle joué par l'électricité dans les corps. D'après cela on voit que le développement de cet agent violent s'opère comme par un acte spontané des forces de la nature.

Les hypothèses qui précèdent ne sont pas des conceptions imaginaires inventées à plaisir, pour être racontées aux enfants par les bonnes femmes, au coin du feu, pendant les longues soirées de l'hiver ; mais l'histoire du passé est écrite en lettres ineffaçables dans les accidents géologiques et donne à ces suppositions un fondement de plus en plus raisonnable.

Rien, en effet, ne nous garantit que les cataclismes qui ont tant de fois bouleversé l'écorce de notre planète, ne se renouvellent point dans la suite des siècles ; et ces cataclismes eux-mêmes ne sont point des hypothèses dont la réalité soit contestable ; mais sont des faits positifs, avérés et avoués par les savants. Voici les témoignages

irrécusables qu'en fournit CUVIER pour prouver leur au-
thenticité :

« Les fossiles nous ont appris que les couches qui les
recèlent, ont été déposées paisiblement dans un liquide
que leurs variations ont correspondu à ce liquide ; que
cette mise à nu à eu lieu plus d'une fois. C'est par eux
que nous apprenons d'une manière assurée, le fait important des irruptions répétées de la mer et que nous
pouvons espérer de reconnaître le nombre et les époques
de ces irruptions.

« S'il y a quelque chose de constaté en géologie, c'est
que la surface de notre globe a été victime d'une grande
et subite révolution dont la date ne peut remonter beau-
coup au delà de 5 ou 6,000 ans ; que cette révolution a
fait disparaître les pays qu'habitaient auparavant les
hommes et les espèces des animaux aujourd'hui les plus
connus ; qu'elle a, au contraire, mis à sec le fond de la
dernière mer et en a formé les pays aujourd'hui habités ;
que c'est depuis cette révolution que le petit nombre
d'individus épargnés par elle se sont répandus et pro-
pagés sur les terrains mis à sec, et, par conséquent, que
c'est depuis cette époque seulement que nos sociétés ont
repris une marche progressive, qu'elles ont formé des
établissements, élevé des monuments, recueilli des faits
naturels et combiné des systèmes scientifiques.

« Mais ces pays aujourd'hui habités et que la dernière

révolution a mis à sec, avaient déja été habités auparavant, sinon par des hommes, du moins par des animaux terrestres, par conséquent, une révolution précédente, au moins, les avait mis sous les eaux ; et, si l'on peut juger par les différents ordres d'animaux dont on y trouve les dépouilles, ils avaient peut-être subi jusqu'à deux ou trois irruptions de la mer. » (CUVIER, *discours sur les révolutions de la surface du globe.*)

Il y a donc eu, d'après le témoignage des savants, et bien avant la présente humanité, des bouleversements de la surface terrestre, qui ont dû anéantir l'humanité d'alors, et ces bouleversements, quelles peuvent en être la cause la plus probable ? Évidemment des résultats aussi gigantesques ne pouvaient être produits que par un agent extrêmement puissant. Or, l'élément le plus énergique et le plus puissant de la nature c'est l'électricité. Des commotions électriques très-fortes sont donc seules capables d'ébranler l'écorce du globe jusqu'à une certaine profondeur. Du reste, nous voyons fréquemment encore aujourd'hui, en petit, il est vrai, des images frappants de ces effondrements superficiels, dans les catastrophes effroyables occasionnés par les tremblements de terre et les éruptions volcaniques. Comme on l'a cru pendant long-temps, les volcans seuls ne peuvent être la cause unique d'effets aussi désastreux et, en même temps, aussi cosmopolites. Ne peut-on pas avancer hardiment que deux effets analogues ne sont dûs qu'à une cause unique, ou à deux causes absolument identiques ? Dans les tremblements de terre, comme sous le cratère des volcans, il y a une force répulsive et une action calorifique qui se manifestent par des conséquences terribles, et ces deux effets émanent nécessairement d'une cause unique, ou de deux causes de même nature, l'électricité. Par conséquent, les accidents géologiques assez importants pour modifier profondément l'économie des continents et des mers, comme le font les tremblements de terre, ne peuvent être attribués scientifiquement qu'à l'influence des courants magnétiques. Dans les tremblements de terre, peut-être les volcans font-ils l'office de l'étincelle qui communique le feu à la mèche du canon, c'est-à-dire, peut-être sont-ils les premiers provocateurs de la commotion électrique ? Mais, dans les causes les plus immédiates de ce phénomène souterrain, le fluide magnétique doit nécessairement avoir une large part d'action. En effet, quel que soit la masse de houille, de soufre, de gaz oxigène, de gaz hidrogène en combustion dans les profondeurs du volcan, l'inflammation peut donner lieu par la compression des gaz dégagés, à un éclat terrible dont la force irrésistible lance jusqu'aux nues des blocs de pierre, fasse vomir des torrents de lave brûlante et obscurcisse l'air environnant par des nuages de cendre et de fumée ; mais tous ces effets, qui, sans doute, sont bien redoutables, n'étendront leurs ravages que dans le voisinage immédiat du siège de leur source et seront localisés et concentrés d'une manière absolue, sur le point du globe qui leur aura donné naissance ; tandis que les tremblements de terre étendent leur influence funeste, au loin, auprès, à côté, en avant, en arrière, en un mot, on peut établir une assimilation frappante entre leur rôle et celui joué par le fil métallique du télégraphe électrique qui fait correspondre avec les points les plus éloignés de son parcours, à l'insu et sans la coopération des espaces intermédiaires.

L'existence du globe terrestre est donc exposée à des dangers réels, soit par suite d'une collision sidérale, et alors c'est du dehors que viendra la cause de sa ruine ; soit par suite d'une commotion électrique générale atteignant tous les êtres matériels, où directement, ou par ce qu'on appelle le choc en retour, et dans ce cas l'anéantissement de notre habitacle sera l'œuvre d'un agent nourri et formé de sa propre substance pour sa destruction.

Telles sont les présomptions les plus rationnelles que peut fournir la lumière fort limitée de l'intelligence humaine secondée par les données scientifiques, sur la fin probable de notre monde sublunaire.

CHAPITRE 5.

Système des anciens sur la fin du monde.

Voyons en terminant, quel était sur cet important problème, l'opinion de l'antiquité payenne. Ce n'est pas parceque la doctrine des anciens à cet égard, soit digne de quelqu'attention ; car toutes leurs croyances cosmogoniques se résumaient dans quelques notions d'astrologie; aussi chez eux, tous les évènements de quelqu'importance qu'ils pussent être, étaient invinciblement subordonnés à un fatalisme inexorable. Mais, néanmoins, l'exposé du système des payens démontre surabondamment, une fois de plus, qu'eux aussi, quoique privés des ressources précieuses que la science moderne fournit aux savants pour les guider dans le dédale obscur de cette grave question, présageaient, comme par instinct, que notre globe doit périr un jour, et périr par suite d'un accident planétaire.

Voici un abrégé de leurs suppositions :

Les anciens désignaient sous le nom de Grande Année, une période très-longue, après laquelle tous les phénomènes planétaires devaient se reproduire dans le même ordre et aux mêmes époques astronomiques. Les astrologues prétendaient que les évènements de la terre étaient liés aux phénomènes célestes, de sorte qu'il devenait très-important de définir avec exactitude, la Grande Année dont même tous les évènements historiques devaient se reproduire indéfiniment. D'après cette doctrine, l'histoire d'une Grande Année quelconque aurait été le résumé de l'histoire universelle. Voici, d'après ARAGO, les principales idées que les anciens attachaient à la Grande Année et la durée que les principaux auteurs ont attribué à cette période :

La Grande Année, appelée aussi Année Parfaite, Année du Monde, était le temps qu'il fallait aux sept planètes des anciens pour revenir à leurs mêmes positions relatives. BÉROSE dit que la Grande Année commence lorsque les sept planètes ont leur centre sur une même ligne droite. Assimilant la Grande Année aux années ordinaires de la vie civile, ARISTOTE croyait que l'hiver de cette période correspondait à un déluge universel, et l'été, à une conflagration générale. D'ailleurs, l'hiver devait avoir lieu, d'après BÉROSE, lorsque la ligne passant par le centre des sept planètes, aboutirait au Capricorne, et l'été, lorsque la même ligne passerait par le Cancer. Suivant cette théorie, les sept planètes des anciens sont-elles encore loin de se trouver sur la même ligne ? Dans ce cas, nous sommes encore loin du commencement de l'été et du commencement de l'hiver. Ou bien doivent-elles bientôt réaliser cette fâcheuse coïncidence ? et alors nous serions au commencement de l'été, ou au commencement de l'hiver, suivant que cette figure fatale sur laquelle se trouveraient placés les centres des sept planètes, aboutirait au Cancer et au Capricor e.

Il ne paraît pas que les anciens fussent d'accord sur la nature des phénomènes que devait amener la Grande Année. Les uns prétendaient qu'il n'y aurait que des incendies, et les autres, que des inondations.

Quant à la durée de l'Année du Monde, certains auteurs lui donnèrent 6,670,000 ans ; tandis que d'autres, moins hardis, ne lui attribuent pas de durée certaine.

Telles sont les doctrines des anciens sur les causes de la fin du monde.

Si un cataclisme terrestre eut dépendu d'une circonstance astronomique quelle qu'elle fût, les données positives que possède aujourd'hui la science, lui eussent permis de préciser avec exactitude, le moment fatal d'une occurrence sidérale. Mais l'existence de la Grande Année des anciens ne repose sur aucune donnée plausible, mais seulement sur des suppositions et même sur des croyances astrologiques. Car, il importe peu à l'harmonie révolutionnelle des astres, que les sept planètes connues des anciens se trouvent sur la même ligne droite, ou sur une ligne brisée. Leur influence sur la terre ne sera pas plus grande dans l'un que dans l'autre cas, sans la condition d'un voisinage trop rapproché ; et dans cette dernière circonstance, leur influence ne sera pas moins grande ; quoique les sept planètes ne se trouvent pas placées sur la même ligne droite.

Dans le présent chapitre, les divers renseignements conceinant la Grande Année des anciens, sont extraits d'un traité de cosmographie par M. J. RAMBOSSON.

CHAPITRE 4.

Considérations générales sur la fin du monde.

A tous les degrés de la hiérarchie sociale, à tous les âges susceptibles de réflexions sérieuses, dans la classe des riches comme dans celle des pauvres, parmi les igno-rants ainsi que parmi les savants, on s'occupe des plus hautes questions de métaphysique. Qu'est-ce, en effet, que la métaphysique ? l'étude de trois grandes questions : la nature et l'origine de l'homme, la nature du monde, et, enfin, la nature de Dieu. Ces trois grands problêmes qui impliquent subsidiairement la fin du monde, quel est l'in-dividu qui ne les a examinés avec plus ou moins de lu-cidité, avec plus ou moins d'attention ? Au reste, une cu-riosité vulgaire suffirait pour y intéresser les indifférents les plus endurcis. Devant les magnifiques spectacles du monde extérieur, devant la pompe des nuits étoilées, du soleil qui se lève dans les splendeurs vermeilles de la pourpre de l'orient, de la mer azurée qui déroule ses flots sans bornes autour de nos continents ; en présence des montagnes majestueuses dont les hauteurs altières ..

semblent braver les cieux en dressant fièrement vers l'astre flamboyant du jour, leurs sommets blanchis de neiges éternelles, comme pour le défier de les fondre, chacun se demande si quelque pouvoir mystérieux a créé toutes ces merveilles de l'univers visible, ou si elles existent par elles-mêmes ; et la logique naturelle à l'intelligence humaine, alors même que celle-ci est privée de toute culture méthodique, l'amène invinciblement à réfléchir sur les destinées futures de cet univers et sur le sort final réservé à ses habitants. On aurait beau vouloir détourner les yeux de toutes ces énigmes, elles poursuivent implacablement nos regards. Le drame de la vie humaine, le triomphe de l'injustice, les malheurs immérités, puis la mort, cette mort terrible dont la mitraille impitoyable décime constamment les générations existantes, éveillent dans les esprits une inquiétude poignante et jettent la pensée en d'interminables rêveries. L'homme désire plonger d'avides regards dans les profondeurs inconnues de son existence d'outre-tombe, connaître sa véritable origine, analyser son essence propre ; il voudrait pénétrer les mystères de la porte secrète qui, du tombeau, ouvre sur un autre monde. Le seul aspect d'un malade souffrant, d'un symbole funèbre, le précipite dans ces investigations redoutables ; le jour, la nuit, partout, ces funestes questions lui apparaissent et le suivent avec l'acharnement d'un spectre menaçant et exercent sur son imagination troublée la pénible influence d'un cauchemar perpétuel.

Mais elles le tourmentent avec une double rigüeur, quand les forces l'abandonnent, soit par l'effet d'une perturbation organique, soit par l'effet de la vieillesse. Oh ! lorsqu'il gît immobile, ou se retourne péniblement sur sa couche de douleur, quand la lumière de l'existence pâlit à sa vue, ainsi qu'une lampe près de s'éteindre, et qu'à travers l'ombre croissante le vent glacé des régions souterraines le frappe au visage, comme il interroge passionément, opiniâtrement, les profondeurs de l'avenir ! il essaie de deviner le sort qui l'attend, qui le guette, invisible, impénétrable, et pourtant si près de lui ! Les spéculations métaphysiques sont alors les seules dont il fasse cas, toutes les autres ne pouvant plus l'intéresser au bord du gouffre béant où il va disparaître. En un mot, l'homme alors s'exagère la portée de ses intuitions surnaturelles.

Ce n'est pas qu'il faille, pour cela, mettre à l'écart ces problèmes insolubles. L'humanité n'en abandonnera jamais l'étude ; seulement il faut qu'elle reste dans les bornes qui lui sont imposées par la faiblesse de l'esprit humain. La métaphysique ne forme pas une science, à parler rigoureusement : elle est et sera toujours un simple calcul de probabilités. Sondant avec patience des questions infinies dont elle ne peut toucher le fond, elle substitue aux données positives qui lui manquent, des opinions approximatives, des hypothèses plus ou moins judicieuses. La vraisemblance, et non le vrai, constitue son domaine. Ainsi restreinte, elle a encore sa grandeur qu'elle emprunte à l'immensité même des sujets qui l'occupent ; elle conserve un attrait irrésistible qu'elle doit à l'importance, à l'éternelle actualité de ses théorèmes. Bien mieux, elle dessine dans les nuages le mobile idéal de la vie humaine, la cité imaginaire qui devient le type de la cité réelle, le principe générateur des civilisations. Suivant les progrès de l'histoire, elle crée des modèles de plus en plus parfaits, de plus en plus utiles. On ne la définirait pas mal, si on la nommait le poëme de la raison, poëme ou l'humanité exprime tous ses rêves, concentre toutes ses aspirations. Mais, que cette reine des songes, que cette déesse de la nuit, n'essaie pas d'usurper le trône du jour ; quand le soleil de l'observation et de l'expérience positivistes est couché, que l'esprit humain tâtonne dans l'ombre naissante du crépuscule, alors elle peut monter sur l'horizon intellectuel ; elle éclaire d'une lueur blafarde et indécise le sol que foulent nos pieds, elle entraîne nos regards dans les mystérieux espaces de l'infini ; et, si elle nous provoque à réfléchir, si elle tient en éveil notre avide curiosité, elle ne la satisfait point. Le ciel sans bornes où elle attire la vue défie nos recherches, met notre science à l'épreuve et déconcerte notre perspicacité. En un mot, chaque essai de métaphysique est un monument intellectuel dont le frontispice devrait porter ces deux mots écrits en lettres éclatantes et ineffaçables : assemblage d'hypothèses.

Quoi qu'il en soit, la métaphysique est inhérente à la vie de l'homme, elle s'identifie avec lui et devient, pour ainsi dire, une partie de son être. Que de fois n'a-t-on pas entendu des laboureurs, des ouvriers, des industriels de tout calibre, en un mot, les personnes les plus étrangères aux abstractions et aux subtilités doctrinales de la métaphysique, traiter ces vastes questions d'une manière confuse et sans pouvoir s'orienter dans leur immense dédale ; mais ils les traitaient d'un air grave et presque soucieux. Les principaux systêmes que construit péniblement la science, ils les ébauchaient par un petit nombre de réflexions, où la nature inculte se révélait par les faits. Dans l'ensemble de ces faits perçait manifestement une influence sensible de la terreur inspirée par l'incertitude du sort réservé à l'humanité en masse, comme de l'avenir de chaque individu en particulier. Et dans ces entretiens, toujours empreints d'une profonde mélancolie, la crainte inspirée par la fin du monde et l'ignorance complète où l'homme est laissé à l'égard du terme chronologique de cet important évènement, occupent toujours une large place et semblent dicter la conclusion finale de tous les discours philosophiques des esprits méditatifs.

Ces craintes et ces préoccupations ont, de tout temps,

été générales dans l'humanité. L'histoire en fournit une preuve éclatante et authentique dans le détail qu'elle offre des terreurs auxquelles les populations de l'occident furent en proie, à la fin du 10e siècle. Voici ce que la chronique du temps rapporte à ce sujet :

« L'an 1000 venait, époque terrible et mystérieuse où toute la chrétienté croyait toucher à sa fin, par suite d'une fausse interprétation de l'Apocalypse. Dans la dernière année du 10e siècle, affaires, intérêts matériels, tout, jusqu'aux travaux de la campagne, languissait presqu'abanbonné. On léguait ses terres, ses châteaux, aux églises, aux monastères dont les dépouilles avaient enrichi tant de barons avides. Quand approcha le jour fatal, les populations s'entassèrent incessamment dans les basiliques, dans les chapelles, attendant avec anxiété, le dénoûment de cette heure dernière. Elle passa comme les autres ; mais le retour des hommes vers une foi plus ardente ne passa point. » (histoire de France par M. L. S. revue, corrigée et annotée par M. E. LEFRANC.)

Le même M. E. LEFRANC, dans son histoire du moyen-âge, confirme dans les termes suivants, les mêmes craintes éprouvées à cette même époque :

« C'était une croyance universelle au moyen-âge que le monde devait finir avec l'an 1000 de l'Incarnation. Avant le christianisme, les Eutrusques avaient fixé leur terme à dix siècles, et la prédiction s'était accomplie. Le christianisme, hôte exilé du ciel, devait adopter aisément ces croyances. Le monde du moyen-âge ne voyait encore que chaos en soi; il aspirait à l'ordre et l'espérait dans la mort. Cette fin du monde si triste était tout ensemble l'espoir et l'effroi du moyen-âge. Voyez ces vieilles statues dans les cathédrales du Xe et XIe siècle, maigres, muettes et grimaçantes dans leur raideur contractée, l'air souffrant comme la vie, et laides comme la mort. Voyez comme elles implorent, les mains jointes, ce moment souhaité et terrible, cette seconde mort de la résurrection, qui doit les faire sortir de leur ineffable tristesse, et les faire passer du néant à l'être, du tombeau à Dieu. C'est l'image du monde d'alors.

« Cet espoir du jugement s'accrut dans les calamités qui précédèrent l'an 1000, ou suivirent de près, disette, famine, peste. Ces excessives misères brisèrent les cœurs et leur rendirent un peu de douceur et de pitié. C'est alors que l'Église obtint ce qu'on appela la *paix*, et, plus tard, la *trève de Dieu*. L'Église aussi pouvait seule calmer les remords. On apportait en foule, on mettait sur l'autel, des donations de terres, de maisons, de serfs.

« Mais, le plus souvent, cela ne rassurait point. Ils aspiraient à quitter l'épée, le baudrier, tous les signes de la milice du siècle; ils se réfugiaient parmi les moines, et, sous leur habit, ils leur demandaient une toute petite place où se cacher. Ceux-ci n'avaient d'autre peine que d'empêcher les grands du monde, les ducs et les rois, de devenir moines ou frères convers. »

Après avoir rapidement esquissé les principales sources capables de faire naître les causes génératrices de la grande catastrophe de la fin dn monde, on demeure néanmoins, comme auparavant, plongé dans une ignorance absolue sur le moment précis de son irruption ; mais, plutôt que de chercher à sonder les secrets impénétrables de la Providence, l'on doit, au contraire, se réjouir de cette impénétrabilité qui est le résultat d'une tendresse toute paternelle ; car, si l'infinie prévoyance de la divinité n'eut mis un frein à nos imprudentes convoitises, en nous privant des lumières suffisantes pour explorer l'avenir et y déceler les mystères qui enveloppent les destinées futures de notre monde, la révélation de l'heure exacte de notre mort et de l'anéantissement du globe terrestre, au lieu d'être pour l'humanité un bienfait précieux, aurait inévitablement frappé de stupeur les générations vivantes, semé le découragement dans les âmes et réduit ainsi l'humanité entière au plus affreux dénûment ; en un mot, elle aurait fait pleuvoir sur la race humaine, une foule de calamités, parmi lesquelles la famine et la peste, deux compagnes presqu'inséparables, n'auraient pas constitué le fléau le moins redoutable.

Soumettons-nous donc avec résignation et reconnaissance, aux décrets immuables des lois de l'univers qui

nous interdisent toute exploration indiscrète et impru-
dente dans le domaine inconnu de l'avenir.

FIN.

Kerlouan, le 2 Septembre 1868.

G. PRIGENT.

Typ. de P.-B. DESMOULINS à Landerneau.